AF247696

CHAMBRE DE COMMERCE DE LILLE.

RÉCEPTION

DE

LEURS MAJESTÉS IMPÉRIALES,

VISITE DE S. M. L'EMPEREUR NAPOLÉON III

à la Bourse,

POSE DE LA PREMIÈRE PIERRE DU MONUMENT

A Napoléon I.er

PAR M. LE SÉNATEUR DUMAS,

Délégué de Sa Majesté l'Empereur.

1853.

LILLE,

IMPRIMERIE DE L. DANEL.

CHAMBRE DE COMMERCE DE LILLE.

RÉCEPTION

D E

LEURS MAJESTÉS IMPÉRIALES

VISITE DE S. M. L'EMPEREUR NAPOLÉON III

A LA BOURSE.

La Chambre de Commerce de Lille s'est présentée le 23 septembre 1853, vers six heures du soir, à la Réception de l'Empereur à l'Hôtel de la Préfecture du Nord. Admise en présence de Sa Majesté, elle lui a adressé, par l'organe de M. Kuhlmann, son Président, le discours suivant :

Sire ,

La Chambre de Commerce de Lille , témoin des bienfaits que répand sur le pays un règne qui a révélé à l'humanité un grand Monarque de plus , est heureuse de tenir de ses concitoyens la faveur de concourir à l'accomplissement de vos patriotiques projets pour le bien-être commercial et industriel de la France.

En entrant dans la ville de Vauban , vous avez vu nos remparts pressés au-dehors et au-dedans par les instruments de notre activité industrielle. C'est qu'ici fourmille une population où l'esprit guerrier se confond , au profit de la grandeur et de l'indépendance du pays, avec une infatigable persévérance au travail, rehaussée d'une grande probité commerciale.

Si le voyage de Votre Majesté n'est qu'une marche triomphale, si à chaque pas qu'elle fait dans ces contrées, d'habitude calmes et peu expansives, éclatent des transports de reconnaissance, c'est que, Sire, en raffermissant le crédit, vous avez rendu le travail à nos manufactures, vous avez fait régner la prospérité et la confiance dans l'avenir, là où naguère tout était précaire et plein d'inquiétude.

Quand vous disiez à la France quelles conquêtes vous méditiez, quel avenir vous ambitionniez pour elle, qui pouvait croire qu'aujourd'hui déjà vos espérances se seraient en grande parties réalisées ? L'histoire aura de la peine à enregistrer tous les travaux publics que vous avez exécutés depuis deux ans, travaux qui, dans les temps antérieurs, eussent été l'occupation de tout un siècle.

Nos chemins de fer, nos canaux, nos ports, tous ces auxiliaires de l'activité humaine, ont attiré simultanément votre attention ; tous, quoique procédant d'intérêts divers, sont appelés à concourir, dans une juste pro portion, au développement de la richesse publique.

Ce que vous avez fait pour les voies de communication, vous l'avez fait aussi pour l'enseignement, l'encouragement de l'agriculture et de l'industrie.

Votre visite dans le Nord vous permettra, Sire, de vous assurer si la protection du Pouvoir en faveur des intérêts agricoles et industriels a été féconde en résultats ; si, par le développement des industries nouvelles, le pays a gagné en indépendance et en bien-être ; enfin si, dans la voie tracée, nous n'avons pas encore d'immenses progrès à accomplir, des sources de richesses à créer.

Dans un autre ordres d'idées, vous avez aussi fait de nobles conquêtes, des conquêtes qui procèdent des inspirations du cœur, de vos généreux sentiments en faveur de la classe indigente.

Dans sa sphère d'action, l'industrie de ces contrées s'est associée avec bonheur à vos efforts pour améliorer l'existence de l'ouvrier, sans négliger d'inculquer, à la génération qui s'élève dans l'atelier, les principes de morale et de religion, cette nourriture de l'âme qui révèle à l'homme sa haute vocation.

Des institutions fondées par Votre Majesté familiarisent de plus en plus la classe laborieuse avec l'esprit de prévoyance qui lui fait aimer l'ordre et la stabilité du Pouvoir.

La Chambre ne peut rappeler tant de mémorables décrets qui vous assurent à jamais notre reconnaissance et notre dévoûment, sans parler de cette noble communauté de sentiments généreux dont Sa Majesté l'Im pératrice nous donne tous les jours des preuves ; tous les jours l'infortune trouve en elle une barrière contre le désespoir.

Puissent Vos Majestés ne quitter ces contrées qu'avec la conviction que leurs sentiments y ont été compris et appréciés, et nous n'aurons plus qu'à appeler la bénédiction du ciel sur une réunion d'efforts qui doit faire la gloire d'un grand règne.

La Chambre a reçu l'accueil le plus gracieux ; Sa Majesté lui a exprimé le regret qu'elle éprouvait de ne pouvoir, pendant son trop court séjour dans le Nord, présider en personne à la solennité de la pose de la première pierre du Monument à ériger dans la Bourse à la mémoire de Napoléon I.er, et, sur la demande de la Chambre, Elle a daigné promettre qu'elle se ferait représenter à cette solennité par un délégué.

Le samedi 24 septembre, les Membres de la Chambre de Commerce se sont rendus vers onze heures du matin dans le local de la Bourse, pour y attendre la visite de l'Empereur.

Sa Majesté est arrivée vers midi ; elle a fait son entrée dans la Bourse aux acclamations de *vive l'Empereur !* Elle était accompagnée d'une suite peu nombreuse, dans laquelle se trouvaient M. le Maréchal Vaillant, M. le Préfet du Nord, M. le Maire de Lille et ses Adjoints.

Sa Majesté s'est fait rendre compte de l'emplacement que doit occuper le Monument à Napoléon I.er, ainsi que des dispositions prises pour son exécution, la pose de la première pierre et l'ornementation intérieure de l'édifice de la Bourse.

Elle a témoigné hautement son approbation pour la conception du projet, le choix du local et l'ornementation des galeries de la Bourse, dans lesquelles M. l'architecte Benvignat avait heureusement figuré plusieurs des panneaux qui doivent y être placés.

La Chambre a exprimé à Sa Majesté combien elle était heureuse d'entendre de sa bouche l'expression de ses sympathies. Elle a témoigné le désir que Sa Majesté voulût bien réaliser la promesse qu'elle lui avait faite de désigner un délégué pour présider en son nom à la solennité de la pose de la première pierre du Monument.

Sa Majesté s'est empressée de se rendre à ce vœu, en déléguant immédiatement M. Dumas, Sénateur, ancien Ministre de l'Agriculture et du Commerce, et elle a ajouté qu'en faisant ce choix elle voulait s'associer aux sentiments de la Chambre pour la personne et le caractère de M. Dumas.

Avant de quitter la Bourse, Sa Majesté a daigné accepter deux médailles d'or frappées à la Monnaie de Lille, pour rappeler, l'une le séjour de Leurs Majestés Impériales en cette ville, les 23 et 24 septembre 1853; l'autre, la visite de l'Empereur à la Bourse en présence de la Chambre de Commerce. Elle a accepté aussi la truelle en or qui avait été faite dans les ateliers de M. Losson, orfèvre à Lille, dans la prévision que Sa Majesté poserait elle-même la première pierre du monument.

L'Empereur s'est ensuite retiré suivi des mêmes acclamations qui l'avaient accueillies à son entrée, après avoir signé le procès-verbal, dont voici le texte :

« L'an mil huit cent cinquante-trois, le vingt-quatre septembre, Sa
» Majesté l'Empereur Napoléon III a visité la Bourse de Lille, et a daigné
» approuver les dispositions prises par la Chambre de Commerce, pour
» l'érection d'une statue à l'Empereur Napoléon I.er

» Signé : NAPOLÉON. »

« Avant de quitter la Bourse, Sa Majesté a délégué, pour la représenter
» à la cérémonie de la pose de la première pierre du monument à ériger à
» l'Empereur Napoléon I.er, M. le sénateur Dumas, en sa qualité d'ancien
» Ministre de l'Agriculture et du Commerce.

» Furent présents :

» M. le maréchal Vaillant ;

» M. Lemaire, membre du Corps législatif ;

» M. Besson, préfet du département du Nord ;

» M. A. Richebé, maire de la ville de Lille ;

» M. le président et MM. les Membres de la Chambre de Commerce et
» autres signataires de ce procès-verbal.

» Signé : VAILLANT ; LEMAIRE ; BESSON ; A. RICHEBÉ ; Fréd. KUHLMANN, président de la Chambre de Commerce ; C. VERLEY, vice-président ; Th. ROUZÉ, trésorier ; H. BERNARD, Ad. BONTE ; J. DECROIX ; E. DELESALLE ; Alfred DESCAMPS ; DESCAT-LELEUX ; J. LEFEBVRE ; E. LELIÈVRE ; H. LOYER ; SCRIVE-BIGO ; TILLOY-CASTELEYN ; WATTINE-BOSSUT, Membres de la Chambre ; Al. BLONDEAU, secrét. »

Le 24 septembre au matin, la Chambre avait été informée par M. le chef du cabinet de l'Empereur que Sa Majesté la recevrait le même jour à six heures, à l'Hôtel de la Préfecture.

La Chambre s'est trouvée vers six heures et demie en présence de l'Empereur, et lui a exprimé de nouveau ses sentiments de respect, de dévouement, et sa profonde reconnaissance pour la sécurité que le Gouvernement de Sa Majesté a procurée aux intérêts du Commerce et de l'Industrie.

La Chambre a entretenu Sa Majesté de l'état et des besoins des nombreuses industries de sa circonscription, et elle a recueilli de sa bouche l'assurance de ses vives sollicitudes pour le maintien et l'amélioration du travail et le développement progressif de la prospérité dont sa visite aux industries des villes de Lille, Roubaix et Tourcoing l'a mise à même de constater l'existence.

POSE DE LA PREMIÈRE PIERRE

DU MONUMENT

ÉRIGÉ PAR LA CHAMBRE DE COMMERCE DE LILLE

à Napoléon I.er

PAR M. LE SÉNATEUR DUMAS,

Délégué de S. M. l'Empereur.

Le dimanche 9 octobre 1853 , à une heure de l'après-midi,

M. le Sénateur Dumas , délégué de Sa Majesté l'Empereur Napoléon III , accompagné de :

MM.

Mimerel , sénateur ;

Besson , préfet du département du Nord ;

Le général baron Fririon , commandant le département du Nord ;

Demangeot, sous-préfet de l'arrondissement de Lille ;

Auguste Richebé , maire de la ville de Lille ;

Kuhlmann , président de la Chambre de Commerce de Lille ;

Et des Autorités Civiles et Militaires, des Membres du Conseil général du département du Nord , du Conseil de préfecture, du Conseil d'arrondissement de Lille , du Corps municipal , de la Chambre et du Tribunal de

Commerce et de la Commission de souscription du Monument,

S'est rendu, de l'Hôtel de la Préfecture du Nord, à la Bourse de Lille, en suivant la rue Royale, la rue Esquermoise et la Grand'Place.

Les galeries de la Bourse avaient été décorées et garnies de gradins, sur lesquels avaient pris place un grand nombre de personnes invitées ; on remarquait parmi ces personnes Madame la comtesse de Vernéde de Corneillan ; M.lle de Vernéde de Corneillan, sa fille, nièce et petite-nièce de Philippe de Gérard, inventeur de la filature mécanique du lin.

La partie intérieure autour du piédestal de la statue avait été réservée au cortége et aux porteurs de bannières des députations des fabriques, échelonnées sur sa marche. M. le délégué de l'Empereur et son cortége ont fait leur entrée dans la Bourse à une heure.

M. le délégué a pris séance au fauteuil placé sur l'estrade, ayant à ses côtés M. le sénateur Mimerel, M. Besson, préfet du Nord, M. le général baron Fririon, M. Henri Lemaire, membre du Corps Législatif, M. Demangeot, sous-préfet, M. Richebé, maire de Lille, M. Th. Rouzé, président du Tribunal de Commerce, M. Kuhlmann, président de la Chambre de Commerce, M. Delebecque, vice-président du Conseil d'Administration du Chemin de fer du Nord, M. Guilhem, Receveur général des finances.

Les autres membres du cortége ont pris place dans l'enceinte de la Bourse, les porteurs de bannières se tenant debout dans la même enceinte vers l'entrée principale.

M. le délégué ayant accordé la parole à M. le président de la Chambre de Commerce, M. Kuhlmann, président de ce corps, s'est exprimé en ces termes :

MONSIEUR LE SÉNATEUR, MESSIEURS,

Il y a quinze jours, Sa Majesté Impériale venait dans cette enceinte visiter l'emplacement choisi par la Chambre de commerce de Lille, pour la statue que ce corps a résolu d'ériger à Napoléon I.er, et exprimait à ses membres ses regrets de ne pas pouvoir, pendant son trop court séjour, présider elle-même à la pose de la première pierre de ce monument.

En présence des dispositions qui avaient été prises pour cette cérémonie, Sa Majesté ne voulut pas quitter la Bourse sans désigner un délégué chargé de la représenter.

Elle fit ce choix avec cette habile spontanéité qui la caractérise à un si haut degré.

Son délégué, Messieurs, représente le Gouvernement par son long passage au ministère de l'Agriculture et du Commerce ; il se rattache au département du Nord dont il a représenté à l'Assemblée nationale un des arrondissements les plus industriels. Il est une des sommités du Sénat, et ses nombreux et importants travaux scientifiques en ont fait une des gloires de l'Institut.

L'Université le voit à la tête de son conseil supérieur, et la société d'encouragement pour l'industrie nationale est fière de l'avoir pour président.

Monsieur le Délégué de l'Empereur,

Je n'ai pas besoin de rappeler ici les circonstances qui ont amené la Chambre de commerce de Lille à concevoir le projet à l'occasion duquel cette solennité a lieu ; qu'il me soit permis seulement d'exprimer la gratitude de la Chambre pour le gouvernement de Sa Majesté qui a bien voulu l'autoriser à convertir en une statue de Napoléon I.er, des bronzes provenant des canons pris sur l'ennemi à Austerlitz.

La Chambre a été heureuse de faire servir les nobles trophées de nos armes à fonder un monument élevé par la reconnaissance publique au monarque qui a jeté les bases de l'industrie moderne en France, et de trouver dans la réalisation de son projet une occasion de témoigner de son devoûment pour celui dont l'avénement au trône a commencé, pour la France, une ère nouvelle de prospérité et de grandeur.

Pour donner à sa manifestation un caractère digne du héros qu'elle a eu en vue de glorifier, la Chambre de commerce a fait un appel à toutes les sympathies, à tous les devoûments, et aussitôt son œuvre s'est transformée en une manifestation nationale. Une large souscription a assuré l'exécution du monument projeté, avec cet élan, cette spontanéité que l'on rencontre en France lorsqu'il s'agit d'acquitter une dette de reconnaissance.

Elle a trouvé au pouvoir deux Ministres éminents qui ont daigné accepter la présidence honoraire de la commission de souscription qu'elle a instituée. Le premier magistrat du département a dirigé les travaux de cette commission avec un devoûment dont je suis heureux de lui exprimer publiquement la gratitude de la Chambre de commerce. Ce magistrat vous dira combien la souscription a trouvé partout d'appui et de sympathie.

Après la conception du projet et le moyen d'en assurer la réalisation , est venue pour la Chambre la question de l'exécution, pour laquelle elle a fait appel au ciseau habile d'un enfant du Nord , que les suffrages des électeurs ont appelé à siéger au Corps législatif.

Napoléon I.er sera représenté dans son grand costume impérial ; il tiendra d'une main le sceptre, symbole de sa haute puissance ; l'autre main sera étendue en signe de protection sur les emblèmes des deux grandes industries dont il a été le promoteur en France : la filature mécanique du lin et la fabrication du sucre de betteraves.

Le bronze d'Austerlitz , dont l'origine sera écrite sur le piédestal et qui sera placé sous la garde de la citadelle de Vauban, rappellera ainsi deux grandes pages de la vie civile de l'Empereur, dont la gloire militaire se lit sur la colonne Vendôme et à l'arc de triomphe de l'Étoile.

Il rappellera deux mémorables décrets rendus au milieu des camps, alors que le canon ennemi retentissait encore, et qui démontrent que le grand monarque faisait reposer les éléments de sa puissance , non seulement sur la force et le devoûment de l'armée , mais aussi sur les sources de travail et de richesse que donne le développement de l'industrie agricole et manufacturière.

En encourageant par des récompenses nationales la création en France de la filature mécanique du lin et de la fabrication du sucre de betteraves, comme il l'avait fait pour la filature de coton et le tissage, Napoléon avait pressenti toute l'influence que les industries nouvelles pouvaient exercer sur notre agriculture.

Disons que plus tard, lorsque le sucre indigène avait grandi et portait déjà ombrage à la production tropicale , alors que la pensée de l'interdiction de cette industrie en France avait surgi et trouvait au Pouvoir même de nombreux appuis, un autre Napoléon, mu par une rare intelligence des intérêts de la France , écrivit en faveur de l'industrie nouvelle des pages chaleureuses que ce pays a recueillies avec bonheur.

Il était donné à l'héritier de ce grand nom de pouvoir, en parcourant nos campagnes et nos usines , s'assurer si les espérances de Napoléon I.er ont été déçues. Les progrès industriels accomplis par nos laborieuses populations ont pu convaincre Sa Majesté combien il est impossible d'assigner un terme à la perfectibilité humaine.

Oh ! Messieurs, que ne pouvons-nous évoquer la grande ombre, pour la faire assister un instant au spectacle si animé que présente cette partie de la France où la population est la plus concentrée, et où règne partout l'aisance ; où le père de famille voit sans crainte s'augmenter le nombre de ses enfants ; où les bras manqueront bientôt au travail.

Il n'est pas de souvenir de sa gloire des grands jours de Marengo et d'Iéna qui eût valu une pareille jouissance ; est-il une conquête de l'empire qui ait laissé des résultats plus féconds et plus durables que ceux obtenus par la protection dont l'Empereur a entouré le travail ?

Lorsque Napoléon I.er écrivait son décret de Bois-le-Duc, pouvait-il espérer qu'en moins d'un demi-siècle, la filature mécanique du lin compterait soixante grands établissements dans une seule ville ; qu'un seul département, en faisant mouvoir 250,000 broches, produirait annuellement pour une valeur de 35 millions de lin filé et occuperait à ce travail 12,000 ouvriers ?

Tel a été cependant le résultat des incitations du Pouvoir, et je suis heureux de le signaler dans cette enceinte, en présence des héritiers de Philippe de Girard, qui a si noblement répondu à l'appel de l'Empereur, de Philippe de Girard dont la France est en droit de se glorifier comme d'un de ses enfants les plus utiles.

Si nous jetons un coup-d'œil sur cette autre industrie que l'Empereur Napoléon I.er a voulu naturaliser en France, à la condition même d'interdire l'entrée des produits étrangers, la filature du coton, nous voyons, que, quoique la chute de l'Empire, en 1815, eût occasionné la ruine des premiers importateurs de Mull-Jennys, de Richard Lenoir, de Lieven Bauwens, l'industrie cotonnière ne fut pas moins acquise à la France, où elle occupe actuellement 600,000 ouvriers, recevant annuellement 200 millions de salaire et produisant pour 6 à 700 millions de marchandises.

Vient enfin cette autre industrie en faveur de laquelle les premières inspirations de Napoléon I.er ont été accueillies par l'Europe avec un sentiment d'incrédulité, à laquelle se mêlait souvent le sarcasme, et qui a eu la ville de Lille pour école expérimentale ; qu'a-t-elle donné à la France, en échange de l'immunité de tout impôt qui lui a permis de naître et de grandir ? Elle a régénéré notre agriculture. Impuissante qu'elle était dans l'origine à produire le sucre à 6 et même 8 fr. le kilogr., elle le produit aujourd'hui à moins de 60 centimes. Elle livre à la consommation de la France près de 100 millions de kilogrammes de ses produits et trouve des imitateurs jusqu'en Angleterre. Elle occupe près de 30 mille hectares de nos meilleures terres, et par la rotation triennale, augmente la fertilité et la production en céréales de près de 100 mille hectares.

D'ailleurs, a-t-elle dit son dernier mot cette betterave que j'appellerai volontiers une autre manne céleste et qui a déjà donné à l'homme un aliment précieux, à un prix inférieur à celui que prend le pain lorsque la récolte de blé est peu abondante?

Ne doit-elle pas être pour le législateur l'objet des plus sérieuses méditations dans un moment où un fléau terrible s'appesantit sur la culture de nos vignes, cette betterave qui peut donner à nos populations, en outre d'un aliment sain, à la portée des classes peu fortunées de la société, des boissons rafraîchissantes et la base des liqueurs alcooliques ?

Dès cette campagne, dans un rayon peu étendu autour de nous, plus de trente établissements soumettront directement à la fermentation le jus de la betterave pour suppléer à l'insuffisance de notre récolte de raisin. C'est là, j'aime à le répéter, un sujet de profondes méditations pour les hommes d'état, et qui fait apercevoir qu'au milieu des plus grands désastres industriels ou sociaux, le génie de l'homme découvre des remèdes lorsqu'il a le bonheur de se développer sous un pouvoir qui met le travail en honneur.

La Chambre de commerce, en voulant glorifier Napoléon I.er, pouvait-elle isoler dans cette enceinte ce grand nom du souvenir des hommes qui, s'identifiant avec les idées de l'Empereur, ont pris une part active à l'illustration de son règne ?

Pour compléter son œuvre de la reconnaissance industrielle, la Chambre de commerce a décidé que la statue du grand législateur serait entourée de monuments destinés à rappeler le nom des hommes qui, pendant son règne, ont le plus contribué au développement et au perfectionnement de l'industrie humaine ; des grands inventeurs en faveur desquels la reconnaissance des populations a souvent été trop tardive.

En donnant pour cortége à Napoléon I.er, les Jacquart, les Philippe de Girard, les Berthollet, les Leblanc, la Chambre a voulu résumer dans cette enceinte tout ce que la protection du Pouvoir a donné de bien-être au travail, et tout ce que le travail a donné à la France d'éléments de richesse et d'indépendance.

A ceux qui s'étonneront que dans ce cortége, au milieu des grands industriels, figurent les savants les plus éminents de l'époque, je répondrai : Pourquoi est-ce aujourd'hui un grand événement dans le monde lorsqu'un homme comme Cuvier, et pour prendre un deuil tout récent, comme Arago, descend dans la tombe. — Pourquoi ?

Ah ! Messieurs, c'est qu'on commence à apprécier la valeur des grands penseurs, c'est que, rapprochant la théorie de la pratique, on ne dédaigne plus les études abstraites qui révèlent quelque ressort caché dans l'admirable combinaison de rouages où la Providence nous a placés.

Il n'est pas d'homme aux idées plus abstraites qu'Ampère, et certes on ne saurait, au premier aperçu, à quel titre il prendrait place dans ce Panthéon de l'industrie, et cependant ses travaux ont donné ouverture à la télégraphie électrique, à ce prodigieux moyen de transport de la pensée qui est devenu pour le commerce et l'industrie un si puissant auxiliaire.

L'Empereur Napoléon III, dont les vues sont si pratiques et les actes si immédiatement utiles, a bien pressenti ce qu'il pouvait y avoir encore d'avenir dans la voie d'expérimentation ouverte par nos physiciens, en offrant un prix de 50,000 fr. pour les applications industrielles de l'électricité.

Il y a un demi-siècle, une pareille proposition eût paru un rêve. — Un rêve, Messieurs, par le temps qui court, avec l'intelligence humaine qui, au lieu de s'épuiser dans des discussions politiques, est dirigée vers les améliorations sociales, c'est la veille de la réalité.

Déjà ne voyez-vous pas la chaîne du métier à la Jacquart s'animer sous le courant électrique, sans le secours des cartons dus à l'invention de l'immortel artisan ? Demain, oui demain, ce ne sera plus la pensée seule qui se transmettra instantanément à des distances infinies, c'est Litsz qui, de son cabinet, fera entendre les prodiges de ses notes sonores sur le théâtre de Londres ou de Saint-Pétersbourg !

Au pied de la statue du grand fondateur de l'industrie française, au milieu de cette glorification vivante des génies qui ont concouru à l'édification de notre prospérité agricole et manufacturière ; en présence de cette justice éclatante rendue aux hommes, qui, des conditions les plus humbles, se sont élevés au rang des bienfaiteurs de l'humanité ; de ces modestes artisans que nous cherchons dans leurs ateliers, pour les faire entrer, à l'égal des maréchaux de France, dans le cortége du vainqueur d'Austerlitz, nos négociants puiseront les sentiments élevés qui assurent aux transactions commerciales un caractère de haute loyauté et les dirigent vers l'amélioration de la fortune publique ; nos industriels s'inspireront des grands exemples placés sous leurs yeux, et l'ouvrier de nos ateliers, s'il pénètre dans cette enceinte, y lira avec émotion les terribles épreuves auxquelles a dû se soumettre Jacquart le canut de Lyon, pour doter son pays de ses immortelles découvertes, méconnues et persécutées par ceux-là même dont elles devaient améliorer le sort.

Il y verra Leblanc affranchissant le pays d'un lourd tribut payé à l'étranger, demander à un lit d'hôpital le repos nécessaire pour se préparer à une vie meilleure. Mais, je me hâte d'ajouter, à côté de ces grands enseignements sur l'abnégation si souvent nécessaire pour accomplir le bien, notre population ouvrière verra Chaptal élevé à la dignité de ministre, Berthollet devenu sénateur ; elle lira le décret de Napoléon I.er qui assure une pension viagère à Jacquart ; elle y lira aussi le décret récent du Gouvernement actuel, qui acquitte la dette du pays envers Philippe de Girard.

La France industrielle apprendra avec transport que Napoléon III, héritier du noble caractère de son oncle, héritier de ses sympathies pour les conquêtes du travail, a voulu honorer cette solennité de sa présence, dans la personne d'un savant illustre, digne interprète de ses sentiments ; que Sa Majesté s'est associée ainsi à la pensée de la Chambre de commerce de Lille, d'élever un Panthéon à l'industrie sous la protection du Pouvoir, personnifié par le nom immortel de Napoléon.

M. Besson, préfet du Nord, a prononcé ensuite le discours suivant :

MESSIEURS,

Nous posons aujourd'hui la première pierre d'un monument que le commerce des contrées du Nord élève, en témoignage de sa reconnaissance, à l'Empereur Napoléon I.er

Au milieu de sa plus grande gloire militaire, lorsque la nation était triomphante au dehors, tranquille au dedans, l'Empereur reconstituait la société, l'industrie, le commerce.

Il publiait le Code Napoléon, immortelle proclamation des principes d'égalité.

Il édictait le code de commerce.

Il promulguait enfin, dans son unité, le code complet du droit français, au triple point de vue civil, commercial et criminel.

Ensemble merveilleux où, dans un style simple et analytique, le philosophe étudie les anciennes législations adaptées aux mœurs nouvelles de la France ; le praticien trouve dans un ordre admirable les réglements de la forme, et chaque citoyen la connaissance de ses droits et de ses devoirs.

Ces vastes conceptions de l'esprit humain, l'enfantement des plans gigantesques qui ont conduit nos armées victorieuses sur tous les champs de bataille, étaient loin d'absorber le vaste génie de l'Empereur. Il voulait que la France, qu'il aimait, fût non seulement forte et respectée chez l'é tranger, il la voulait morale et prospère à l'intérieur.

La religion, l'agriculture, le commerce, l'industrie, les sciences, les arts, ces éléments de moralisation, de richesse et de grandeur, recevaient, en même temps, l'impulsion que sa main savait imprimer à tout ce qu'elle touchait.

Virile époque, qui vit éclore l'organisation de la justice, de l'instruction publique, des finances, de l'administration, de l'armée.

Des monuments somptueux s'élevaient dans Paris, cette capitale du monde ; des routes nouvelles se construisaient, des canaux se creusaient sur tous les points de la France agrandie, et rapprochaient, au profit de tous, les centres de productions des centres de consommations.

L'Europe, sauvée par l'Empereur Napoléon I.er, comme 50 ans plus tard elle l'a été par Napoléon III, n'acceptait cependant qu'avec répugnance les institutions populaires et libérales que le souverain inaugurait en France. Une guerre acharnée nous était faite. L'interruption de nos relations commerciales ne permettait plus sur nos marchés l'apport des choses nécessaires à nos besoins. L'industrie française ne fabriquait pas encore ces produits manufacturés que nous tirions de l'étranger. Bientôt, il dut en être autrement.

A la voix de l'Empereur, les machines à filer le coton, les métiers à tisser sont importés sur notre sol et perfectionnés. Nos populations intelligentes se livrent avec un courage et un succès complets à ces travaux nouveaux pour elles. En même temps que Napoléon faisait, des enfants de la France, les plus braves soldats du monde, il en faisait aussi les plus habiles ouvriers.

La filature à la mécanique n'était encore appliquée qu'au coton Le lin, cette matière précieuse, était mal préparé, et cette imperfection nuisait à la fabrication des étoffes de fil. Napoléon ne pouvait consentir à ce que la France restât, à cet égard, dans un état d'infériorité : partout il voulait qu'elle occupât le premier rang. Il décréta qu'un concours universel serait ouvert pour la meilleure machine à filer le lin : il affecta un million pour prix de cette découverte. Le problème fut résolu par Philippe de Girard, qui, deux mois après, écrivait à l'Empereur : « Quand Votre Majesté » proposait un prix à l'Europe, elle ordonnait aux français de le mériter. »

Singulières conjonctures de notre époque ! l'Empereur, qui avait pressenti les secrets de la science, ne put lui-même remettre la récompense à Philippe de Girard, qui avait si bien répondu à son appel. C'est à l'illustre héritier de sa gloire et de son nom qu'était réservé l'honneur d'acquitter cette dette nationale.

Désormais, la France peut se passer de l'étranger : elle vit de sa propre vie et montre avec orgueil ce que peut le génie d'une nation quand il est stimulé, quand il est fécondé par la volonté d'un grand homme.

Ces merveilleuses conquêtes de l'industrie marchaient parallèlement à ces merveilleuses conquêtes de nos armées. Elles étonnaient le globe entier.

Toutefois, transporter en France les industries étrangères, améliorer, perfectionner les moyens de fabrication, créer instantanément, parmi nous, ce qui était le résultat, chez nos rivaux , de longues habitudes , de longs travaux , d'un développement successif des forces de l'homme, ce n'était point impossible : l'Empire l'a prouvé. Mais changer pour ainsi dire l'ordre des productions de la nature , vouloir faire produire à la terre de France ces denrées que jusqu'alors nous allions chercher au-delà des tropiques, cela dépassait les bornes de l'intelligence. Cependant, c'est ce qui fut réalisé.

Laissons exposer ici, par Louis-Napoléon lui-même, aujourd'hui notre glorieux Empereur, comment ce prodige s'est opéré.

Dans son traité magistral (Analyse de la question des sucres) Louis-Napoléon s'exprime ainsi :

« La lutte de l'Angleterre contre la révolution française avait eu pour
« résultat la perte de nos colonies et la ruine de notre commerce maritime.
« Notre gêne était d'autant plus sensible que la guerre nous interceptait
« des denrées devenues de première nécessité , comme le sucre et le café ,
« et des produits importants pour l'industrie , comme le coton , l'indigo
« et la cochenille.

« Il fallait combattre, et sur terre et sur mer. Aboukir , Trafalgar fer-
« maient la mer à notre valeur et à notre commerce. Alors le chef du
« gouvernement français prit une de ces résolutions qu'un grand homme
« seul peut concevoir et accomplir , il voulut transporter les colonies en
« Europe, en chargeant la science de trouver dans nos climats les équi-
« valents des produits de l'équateur.

« L'entreprise paraissait impossible, elle réussit complètement. La denrée
« la plus importante des Indes Occidentales, le sucre, est devenu un pro-
« duit français.

« Par le décret du 25 mars 1811, l'Empereur ordonna que trente-
« deux mille hectares seraient consacrés à la culture de la betterave, et
« il mit un million de francs à la disposition du Ministre de l'Intérieur
« pour encourager cette industrie ainsi que la culture du pastel, qui devait
« remplacer l'indigo. Non-seulement il reconnut les efforts des industriels
« par des récompenses pécuniaires , mais il les paya encore d'une autre
« monnaie toute française, l'honneur. »

Le département du Nord , Messieurs, fut appelé le premier à profiter des découvertes de la science ; le département du Nord fut le berceau de l'industrie linière et de l'industrie sucrière , ces deux filles de l'Empire. Si je rappelle ici quel accroissement elles prirent au milieu de nos fortes et laborieuses populations, c'est moins pour avoir l'occasion de parler de la haute intelligence de nos travailleurs , que pour expliquer les sentiments de reconnaissance qui les ont portées à s'associer spontanément à la pensée d'un monument destiné à honorer le créateur et le protecteur de ces deux grandes industries, sources de la prospérité et du bien-être des populations.

La Chambre de Commerce de Lille a toujours compris et défendu les intérêts qui lui sont confiés, avec la persévérance et l'énergie qui naissent d'une conviction profonde ; à elle l'honneur de cette manifestation de piété nationale à laquelle l'honorable administration municipale de Lille a donné le concours le plus empressé, le plus patriotique.

Les sympathies publiques ont, dès le principe, été acquises à cette œuvre éminemment française, et chacun à l'envi a déposé son offrande. Ce sera, Messieurs, une intéressante étude que l'examen de ces nombreuses listes de souscriptions où figurent, à côté des chefs d'industrie, de laborieux ouvriers ; à côté du commerçant, le propriétaire, le riche agriculteur et le simple laboureur, le clergé, l'administration, l'armée. Tous ont voulu prendre part à cette glorification de l'Empereur ; le peuple ne comprend cette imposante figure que dans son ensemble multiple. L'Empereur, en effet, n'est pas seulement le plus grand capitaine des temps modernes, il en est en même temps le plus grand organisateur, le plus grand écrivain, le plus grand législateur.

Il faut bien le dire, la première pensée qui a présidé à l'érection de cette statue a été dépassée par le sentiment public.

Nous voulions rendre un hommage souverain à Napoléon, protecteur de nos industries, et voilà que les masses s'unissant aux industriels reconnaissants en ont fait une manifestation grandiose, destinée à consacrer toutes les gloires dont est entouré le chef de la grande nation.

Heureuse la nation qui a de pareils souvenirs à transmettre à la postérité. Cette glorification ressortira plus palpable encore de cette circonstance que le Gouvernement a mis à notre disposition un métal précieux pour la représentation de la statue impériale. Le bronze dont elle sera formée a été rapporté par nos valeureuses légions ; c'est l'héroïque trophée d'un des plus grands faits d'armes de l'Empire ; ces bronzes ont été des canons conquis à la bataille d'Austerlitz. Napoléon revivra ainsi dans toutes ses splendeurs militaires et civiles.

L'exécution de ce monument est confiée au talent d'un enfant du Nord : le statuaire Lemaire, dont les travaux artistiques sont recherchés non moins en France qu'à l'étranger, consacre avec bonheur son savant et habile ciseau à cette œuvre doublement historique, et par son noble sujet et par la matière avec laquelle il sera traité. Le dévoûment du citoyen à l'épopée impériale inspirera le génie de l'artiste.

Et vous, Monsieur le Sénateur, qu'une auguste désignation appelle à présider cette assemblée, n'êtes-vous pas aussi, par une spontanée et unanime adoption, un enfant du Nord? Les services rendus par vous à la science, qui vous compte au nombre de ses membres les plus illustres, ceux rendus à la France que vous avez servie courageusement dans les conseils du Prince, impriment le caractère le plus élevé à cette cérémonie publique.

Messieurs, remercions l'Empereur de l'intérêt qu'il a daigné témoigner à la Chambre de commerce. Sa présence sur les lieux mêmes où nous élevons ce monument de la reconnaissance a été pour tous une noble récompense. Dans ce récent voyage, dont la foule, par ses enthousiastes acclamations a fait un triomphe, et dont le souvenir vivra toujours dans nos cœurs, l'Empereur a vu de près l'immense développement de nos industries; il a vu et apprécié ces braves ouvriers qui excitent sans cesse son infatigable sollicitude; il a vu le travail honoré et répandant partout le bien-être, et, avec cette sagacité prodigieuse, il a mesuré les bienfaits dont le Nord est redevable aux grandes pensées de Napoléon I.er. Comme l'héroïque chef de sa famille, Napoléon III, en qui se résume toutes les forces, toutes les espérances, toutes les aspirations généreuses du pays, accroîtra par la sagesse de son gouvernement les éléments de la prospérité publique.

M. le Sénateur délégué de l'Empereur a répondu en ces termes :

Messieurs,

Le nom de Napoléon a rempli le monde. Partout les siècles futurs retrouveront sa trace, son empreinte et son souvenir. Pour les arts, son époque offre des sources d'inspiration qui ne tariront jamais; elle lègue à la tradition populaire des textes de légende inépuisables.

En vain multiplie-t-on les monuments élevés à sa mémoire; en vain les arts répandent-ils son image sous toutes les formes dans les ateliers et dans les chaumières, le culte du peuple est insatiable; il ne se montre jamais lassé de leur contemplation. Il n'y a pas en France un laboureur, un ouvrier dont le cœur ne tressaille au souvenir de l'Empereur.

Aussi, comme il sera populaire le monument que vous érigez à sa mémoire; comme elle sera pieusement visitée, cette statue dont les canons pris à Austerlitz fournissent le bronze; dont un statuaire illustre a conçu le projet avec tant de poésie; de cette statue où Napoléon, protecteur de l'agriculture et de l'industrie françaises, se montre entouré de leurs emblèmes, au milieu du cortége des inventeurs qu'il a suscités ou dotés.

La Chambre de commerce de Lille a été bien inspirée. Ce qu'elle écrit en bronze , l'instinct du peuple l'avait dès longtemps deviné. C'est pour assurer à la France les biens de la paix que Napoléon Ier faisait la guerre, après avoir d'abord combattu , pour son honneur et pour son indépendance. Que demandait-il, en effet, aux armes , à l'époque critique de la rupture de la paix d'Amiens , sinon la sécurité de notre commerce , la libre extension de nos manufactures, le placement favorable de nos produits agricoles ?

L'ouvrier , le laboureur ne s'y sont jamais trompés. Ils savent qu'au milieu des inévitables entraînements de la guerre, quand tout conspirait pour montrer que leurs intérêts étaient oubliés, un acte éclatant de l'Empereur venait prouver soudain qu'ils n'avaient pas cessé d'occuper sa pensée.

De ces actes, vous n'en avez rappelé que deux sur votre monument, deux des principaux , il est vrai : la filature mécanique du lin, l'industrie du sucre indigène , décrétées ; double legs de l'Empire, dont la merveilleuse influence , grandissant avec les années , a doté votre belle contrée d'incalculables richesses.

Mais ces actes ne sont pas les seuls que l'agriculture et l'industrie aient enregistrés dans leur souvenir : vous avez donc répondu à leur pensée, en montrant à la postérité l'empereur Napoléon Ier entouré de Chaptal , de Berthollet, de Monge, de Vauquelin, d'Oberkampf , de Leblanc, de Jacquart, de Conté, de Gay-Lussac, de Brongniart, les dignes émules des Philippe de Girard, et des Achard.

Admirable cortége, où chaque nom signifie un bienfait.

L'acide sulfurique français, la soude française, le blanchîment français, les machines à filer et à tisser françaises , le sucre français , voilà ce que rappellent ces noms illustres.

Les industries étrangères réduites à emprunter nos procédés, à recevoir nos produits, au moment même où , dans leur hostile imprévoyance , elles nous refusaient les leurs , voilà ce que rappellent les dates mémorables inscrites sous ces noms.

Jadis , les arts naissaient tous du hasard. C'est l'Empereur qui a appris à la science le secret de sa puissance. Il lui a commandé des découvertes et il les a obtenues ; il a décrété de nouveaux arts et la science les a créés à son commandement. Il a fait de la pensée humaine la souveraine des forces de la nature ; elles n'ont plus cessé de lui obéir.

Vous avez été bien inspirés, Messieurs , en entourant l'Empereur de cette brillante pléïade d'inventeurs ; car elle est son œuvre. Croyez-le bien , de tels hommes ne se manifestent pas sous tous les régimes.

Ce sont les grands rois qui font les grands hommes, qui font les grands siècles. Heureux le pays où la Providence place une âme élevée sur le trône.

Dans la nation tout entière le niveau moral monte, le ressort des âmes se trempe et se fortifie, le génie s'allume et répand toutes ses clartés.

Montrez donc sans crainte à la postérité, l'Empereur entouré de ces grandes intelligences, car il fut leur promoteur.

Montrez-le hardiment, couvrant de la protection de sa main puissante la pensée et les fruits du travail agricole et manufacturier, car jamais protecteur ne leur fut plus fidèle.

Mais, de ce monument que vous élevez, une grave leçon surgit ; elle en complète la pensée.

Décréter la filature du lin et la sucrerie indigène, et inventer même les procédés, cela ne suffisait pas pour constituer les deux nouvelles industries. Que d'efforts et d'années il a fallu pour leur donner une assiette vraiment manufacturière.

J'en atteste le vénérable doyen (1) de la sucrerie indigène qui m'entend ; lui, qui seul n'en a pas désespéré en 1815, qui depuis 44 ans n'a jamais interrompu sa fabrication, il sait par combien d'essais et d'angoisses il a dû passer avant de toucher le but.

C'est qu'il manquait encore à ce jet de la pensée impériale, à cet effort de la science, la longue élaboration, la patiente mise en œuvre de vos agriculteurs incomparables, de vos industriels sans rivaux ; c'est que sans eux la filature mécanique du lin et la sucrerie indigène n'auraient pas encore pris définitivement leur place dans notre pays.

Le monument qui va s'élever à la mémoire de Napoléon I.er, protecteur de l'agriculture et de l'industrie française, créateur de la filature du lin à la mécanique et de la sucrerie indigène, appartenait donc de droit au département du Nord.

Et quand Lille arrache à la guerre les bronzes conquis par la guerre, pour ériger un monument à Napoléon protecteur des arts de la paix, Lille abdique-t-elle son passé ? Non. Vos cœurs sont toujours prêts à répondre à l'appel de la patrie ; vos bras toujours prêts à s'armer au jour du péril. Au besoin, le soc de vos charrues et l'acier de vos machines se convertiraient bientôt en armes redoutables. Lille ne détourne pas les yeux de la frontière. Elle demeure toujours cette sentinelle vigilante qui barre la route à l'ennemi, qui sait mourir, mais qui ne sait pas se rendre.

D'ailleurs, n'est-ce pas au foyer même de votre industrie, de votre commerce, qu'il devait être placé le monument qui glorifie la triple

---

(1) Crespel-Dellisse.

alliance d'un gouvernement inspirateur, de la théorie obéissante et de la pratique heureuse. Oui, c'est à la Bourse de Lille, qui le prouve tous les jours, qu'on a le droit d'écrire : Rien n'est impossible au travail, à la prudence, à la probité, quand ils sont guidés par la science sous l'impulsion du génie.

N'oubliez pas cette vérité : Les sciences nées à peine, ont à peine commencé à porter leurs fruits. Dans le champ qu'elles ont ouvert depuis un siècle et que vous avez si heureusement exploité, il reste de brillantes récoltes à cueillir.

Courage donc, et lorsque le digne héritier du héros que vous glorifiez vous appelle à soutenir dans deux ans l'honneur de la France, en face de l'industrie du monde entier, rappelez-vous que dans le Palais qui s'élève aux Champs-Elysées, vous aurez bientôt tous les peuples pour rivaux, pour critiques et pour juges.

Souvenez-vous qu'en 1851, à l'exposition universelle de Londres, la France sans crédit, inquiète du présent, découragée de l'avenir, troublée tous les jours par les passions les plus mauvaises, menacée à chaque instant d'un bouleversement social, par un bienfait inespéré de la Providence, a gardé ou plutôt conquis sa place à la tête des peuples industriels.

Que ne faut-il pas attendre d'elle, de vous, lorsque le crédit raffermi, le présent plein de sécurité, l'avenir riche de toutes les espérances, vous vous mettrez à l'œuvre aujourd'hui pour vous préparer à ces luttes nouvelles ?

L'Empereur Napoléon III a le droit de vous dire : les méchants ont disparu, les bons se sont rassurés ; la religion est partout honorée ; la justice a repris son cours ; la propriété est garantie ; la famille respectée.

La France calme et ferme au dedans, a repris au dehors sa juste et haute influence.

Jamais ses manufactures ne furent plus animées, jamais son commerce ne fut plus florissant, son crédit plus élevé.

Partout de nouvelles voies de communications s'ouvrent, sans que les charges de l'Etat en soient accrues. Les villes s'embellissent et s'assainissent. Les lumières pénètrent dans les campagnes. Le sort des ouvriers s'améliore ; des lois spéciales protègent leur travail, veillent sur leurs demeures, garantissent leurs épargnes et assurent l'éducation de leur jeune famille.

Eh bien ! que vous demande celui dont le dévoûment héroïque, dont le courage inébranlable vous ont fait tous ces repos, vous ont donné tous ces biens ? Rien, sinon de les mettre à profit pour garder à la France en 1855, la première place parmi les nations industrielles.

Vous répondrez à son appel. Vous voudrez mériter encore ces nobles récompenses que l'Empereur décernait aux expositions de 1849 et de 1851.

Vous rappelant d'ailleurs les belles paroles qu'il vous adressait à ces deux époques mémorables, y découvrant sans peine le fil non interrompu de la pensée qui a inspiré tous les actes d'un gouvernement réparateur pour lequel votre gratitude éclatait naguère avec une émotion si vive, au passage de Leurs Majestés, vous confondrez dans une même pensée, dans un même hommage, la mémoire de Napoléon Ier, le règne de Napoléon III.

Que l'agriculture, les manufactures et les arts ne les séparent jamais dans leur reconnaissance, de même que le laboureur et l'ouvrier les unissent toujours dans le culte de leur cœur;

Car, deux fois en un demi-siècle, la Providence a permis qu'ils aient tiré l'agriculture et l'industrie française de leurs ruines, pour les élever à la plus haute des prospérités.

> Gloire immortelle à Napoléon Ier.
> Longues années de règne à Napoléon III.

Ces trois discours ont été écoutés avec une profonde attention, interrompue seulement par de fréquentes marques d'approbation, ils ont été suivis des applaudissements les plus vifs, plusieurs fois répétés.

M. Kuhlmann, président de la Chambre de Commerce, a de nouveau obtenu la parole, et il s'est exprimé en ces termes :

« La Chambre de Commerce a voulu profiter de la solennité qui nous
» réunit dans cette enceinte pour donner aux contre-maîtres et ouvriers
» de nos fabriques des marques de ses sympathies et de sa sollicitude.

» Elle a décidé que les noms des plus dévoués, de ceux que signalent
» de longs et loyaux services sous le même patron, seraient proclamés en
» présence de M. le délégué de l'Empereur, et que des médailles d'hon-
» neur leur seraient distribuées.

» A l'adresse des ouvriers qui m'écoutent, je dirai : La Chambre, pour
» décider de ses choix, s'est laissé guider par les renseignements de vos
» patrons. Elle ne fait donc que consacrer, dans cette circonstance solen-
» nelle les témoignages de ces derniers pour les services que vous leur avez
» rendus.

» Que ces médailles d'honneur soient conservées par vous, à l'égal des
» titres de noblesse; qu'elles vous rappellent tous les jours la recon-
» naissance qui vous attache à l'atelier qui nourrit vos familles; qu'elles
» deviennent pour vos enfants un souvenir utile et un moyen d'émulation
» pour mettre à profit les bons exemples que vous leur avez donnés.

LISTE DES CONTRE-MAITRES ET OUVRIERS

Auxquels des Médailles d'honneur ont été décernées par la Chambre de Commerce de Lille, dans la solennité du 9 octobre 1853.

NOMS des lauréats.	NOMS des patrons.	NATURE de l'industrie.	SIÈGE de l'établissement
Barbry , Désiré.	Scrive frères et Danset.	Tissage de toiles.	Marquette.
Baron , Jean-Bapt.	Lambert.	Filature de coton.	Wazemmes.
Bastenaire , Franç.	Humbert-Lorvilles.	Fab. de chicorée.	Lille.
Bastenaire , Louis.	Loyer.	Filature de coton.	Wazemmes.
Bettmann, Charles.	Kuhlmann frères.	Fab. de noir animal.	Loos.
Bourgine , Edouard.	Bernard frères.	Raffinerie de sucre.	Lille.
Buisine , Louis.	J.-D. Defrenne.	Filature de coton.	Lille.
Caby , Louis.	Duport.	Filature de lin.	Seclin.
Castel , Henri.	Crespel-Dellisse.	Anc. fab. de sucre.	Lille.
Chocquet , François.	Crespel-Dellisse.	Fabrique de sucre.	Arras.
Conon , Guillaume.	Chocquet frères.	Filature de lin.	Lille.
Coqueret , Louis.	Descamps , Auguste.	Fab. de fils retors.	Lille.
Cornard , Am.-Jos.	Debièvre et Cie.	Constr. de machines.	Lille.
Dansette , Désiré.	Malfait.	Teinturerie.	Wasquehal.
Dautrevaux , J.-B.	Vve. Crespel et fils.	Fils retors.	Lille.
Deflandre , François.	Lefebvre-Florent.	Filature de coton.	Lille.
Delobel , Jean-Bapt.	Delesalle-Desmedt.	Filature de coton.	Lille.
Delporte , Charles.	Verstraete frères.	Fils retors.	Lille.
Descatoire, Prosper.	Scrive frères et Danset.	Tissage de toiles.	Halluin.
Denneulin , Louis.	Bonami Defrenne.	Filature de coton.	Lille
Deshuys , Charles.	Delaby.	Fabrique de sucre.	Courcelles.
Desmazures , Aimé.	L. Danel.	Imprimerie.	Lille.
Dubar , Louis.	Wackernie.	Filature de lin.	Esquermes.
Dunau , François.	Lambry-Scrive.	Filature de coton.	Lille.
Dumoulin , Jean-B.	Castel , Henry.	Fabrique de noir.	Fives.
Dupont , Hippolyte.	Thiriez et Cie.	Filature de coton.	Esquermes.
Dutriez , Joseph.	Vandeweghe , D.	Filature de lin.	Lille.
Dutilleul, Jean-Bapt.	Droulers père.	Fabrique de sucre.	Wasquehal.
Duthoit , Amand.	Boutry-Flamen.	Filature de coton.	Lille.

NOMS des lauréats.	NOMS des patrons.	NATURE de l'industrie.	SIÉGE de l'établissement.
Dufossé, César	Vantroyen.	Filature de coton.	Lille.
Durieux, Jean-Bapt.	Pourrez, B.	Idem.	Lille.
Dubar, Théod.-Alex.	Lesaffre et Cie.	Fabrique de sucre.	La Magdel.
Fichaux, Germain.	Lefebvre-Horent.	Filature de coton.	Wazemmes.
Froment, Philippe.	Carbon.	Fabriq. de fils retors	Lille.
Frère, Joseph.	Crespel et Descamps.	Idem.	Lille.
Glorie, Jean.	Scrive frères.	Filature de lin.	Lille.
Hanus, Jacques.	Humbert–Drino.	Teinturerie.	Wazemmes.
Héquette, Auguste.	Saint-Léger, Victor.	Fabriq. de fils retors	Lille.
Herbaux, Géry.	Dillies, L.	Fabrique de sucre.	Phalempin.
Herpin, Joseph.	Bigo–Tilloy.	Idem.	Esquermes.
Houte, Bauduin.	Wallaert-Desmons.	Filature de coton.	Lille.
Jean, Désiré.	Dupont.	Filature de lin.	Roncq.
Lecomte, Hippolyte.	Lesaffre.	Idem.	Id.
Leclair, Antoine.	Descat-Leleux.	Teinturerie.	Lille.
Lemaire, Charles-L.	Ed. Cox et Cie.	Filature de coton.	Fives.
Lequy, François.	Barrois frères.	Idem.	Id.
Leroux, Louis.	Devos.	Fabriq. de fils retors	Comines.
Limel, Victor.	Vannin.	Const. de machines.	Lille.
Loubli, Henri	Droulers et Agache.	Filature de lin.	Lille.
Marcellin, François.	Decock, Philippe.	Idem.	Wazemmes.
Masse, Hubert.	Harding et Edwards.	Idem.	Lille.
Meurice, Fidèle.	Desmazières.	Fabrique de sucre.	La Magdel.
Parmentier, Aug.	Sarrazin-Cattaert.	Filature de coton.	Lille.
Pennel, François.	Flament-Reboux.	Idem.	Lille.
Planquart, Joseph.	Tesse-Petit.	Idem.	Lille.
Quennoi, Louis-Jos.	Descat-Crouzet.	Teinturerie.	Roubaix.
Sallandrouze.	Kuhlmann frères.	Soude artificielle.	La Magdel.
Skeene, Alexandre.	Windsor, J.	Const. de machines.	Moulins-L.
Tendron, Edouard.	Kuhlmann, Fréd.	Monnaie.	Lille.
Thieffries, Louis.	Lainé, J.-B.	Savonnerie.	Lille.
Uraille, Pierre-Jos.	Capon-Sauvage.	Fabrique de noir.	Esquermes.
Valbecq, Charles.	Scrive frères.	Fabrique de cardes.	Lille.
Verlet, Louis.	Delesalle-Desmedt.	Filature de lin.	Lille.
Zoller, Guillaume.	Kuhlmann frères.	Produits chimiques.	Loos.

M. le délégué de l'Empereur est descendu de son siége et s'est approché du piédestal autour duquel les porteurs de bannières ont fait cercle. Une truelle en argent, confectionnée spécialement pour la cérémonie, lui a été présentée par M. Benvignat, architecte, et M. le délégué a posé la première pierre du monument, dans laquelle a été scellée une boîte en plomb contenant, avec des monnaies et des médailles de l'époque, le procès-verbal suivant, dressé et signé en double minute, dont l'une restera déposée aux archives de la Chambre de Commerce de Lille. (*)

CHAMBRE DE COMMERCE DE LILLE.

« L'an mil huit cent cinquante-trois, le neuf octobre,

» Sous le règne de Sa Majesté NAPOLÉON III,

» M. Magne étant Ministre de l'Agriculture, du Commerce et des Travaux publics,

» M le général Grant étant commandant de la 3.e division militaire,

» M. Besson étant préfet du département du Nord,

» M. le général baron Fririon étant commandant du département,

» M. Auguste Richebé étant Maire de la ville de Lille,

» M. Frédéric Kuhlmann étant président de la Chambre de Commerce,

» M. le sénateur Dumas, délégué, en sa qualité d'ancien Ministre de l'Agriculture et du Commerce, par Sa Majesté Impériale, lors de sa visite à la Bourse de Lille, le 24 septembre de la même année, a posé la première pierre de ce monument destiné, par la Chambre de Commerce de Lille, à consacrer la reconnaissance de la France pour Napoléon Ier, protecteur de l'industrie nationale.

» M. Lemaire, membre de l'Institut, est chargé de l'exécution de la statue à ériger, et M. Benvignat, architecte, est chargé de la construction du piédestal et de l'ornementation des galeries qui entourent le monument.

Ont signé le procès-verbal à la Bourse de Lille les jour, mois et an que dessus.

DUMAS, BESSON, A. MIMEREL, baron FRIRION,
Auguste RICHEBÉ, DEMENGEOT, Frédéric
KUHLMANN, LEMAIRE, BENVIGNAT.

M. le délégué de l'Empereur a déclaré ensuite aux ouvriers porteurs de bannières qu'il était chargé par M. le Ministre de l'Agriculture, du Commerce et des Travaux

---

(*) Sur la demande des héritiers de Ph. de Girard, il a été également déposé dans la boîte en plomb, une médaille décernée par la société d'encouragement pour l'industrie nationale à l'inventeur de la filature mécanique du lin et divers documents ayant rapport à cette invention.

publics de remettre à la Chamcre de Commerce de Lille dix médailles d'honneur pour être distribuées dans le département du Nord, à ceux des agents industriels, des contre-maîtres ou des ouvriers qui seraient jugés les plus dignes de cette distinction.

Cette déclaration a été accueillie aux cris de : *Vive l'Empereur !*

Cet incident a terminé la cérémonie et M. le délégué et son cortége ont quitté la Bourse dans l'ordre où ils y étaient entrés, à l'exception des porteurs de bannières qui sont restés pour recevoir, pour eux-mêmes et pour les membres des députations, des médailles d'argent et de bronze commémoratives de la visite de l'Empereur.

Ont pris part à cette distribution les fabriques et ateliers dont les noms suivent et qui étaient représentés au cortége par des bannières.

NOMS des patrons.	NATURE de l'industrie.	SIÉGE de l'établissement.
Agache.	Sucrerie.	Deûlémont.
Arnold et Cie.	Construction.	Lille.
Th. Barrois, frères.	Filature de coton.	Fives.
Barrois, Henri.	Id.	Lille.
Th. Barrois, frères.	Filature de lin.	Fives.
Baxter, R.	Id.	Moulins-Lille.
Bernard frères.	Raffinerie.	Lille, rue de Courtrai.
Bernard frères.	Id.	Lille, rue St.-Nicolas.
Bigo Tilloy.	Sucrerie.	Esquermes.
Boutry-Flament	Filature de coton.	Lille.
Bruyerre.	Filature de lin.	Lille.
Capon-Sauvage.	Fabr. de noir animal.	Esquermes.
Carbon, Henri.	Filature de lin.	Lille.
Carbon, Henri.	Filtrie.	Lille.
Carillier.	Mécaniques.	Lille.
Castel.	Produits chimiques.	Fives.
Caulier Rousselle.	Filature de lin.	Esquermes.
Chocquet frères	Id.	Lille.
Cirig et Cie.	Id.	Esquermes.
Coevoet-Flory.	Tissage.	Lille.

NOMS des patrons.	NATURE de l'industrie.	SIÉGE de l'établissement.
Courouble et Lessens.	Filature de lin.	Lille.
Cox , Ed.	Filature de coton.	Fives.
Crespel-Dellisse.	Sucrerie.	Arras.
Desmedt-Wallaert.	Filature de coton.	Lille.
Danel.	Imprimerie.	Lille.
Dautremer et Cie.	Filature de lin.	Lille.
David-Vandeweghe.	Id.	Lille.
Decock , Philippe.	Id.	Wazemmes.
Defrenne , B.	Filature de coton.	Lille.
Defrenne , Jean-Baptiste.	Id.	Lille.
Degrimonpont–Vernier.	Id.	Lille.
Delebarre et Lardemer.	Id.	Lille.
Delesalle-Desmedt et Cie.	Filature de lin.	La Magdeleine.
Delesalle-Desmedt.	Filature de coton.	Lille.
Delesalle-Desmedt.	Filature de lin.	Lille.
Delgutte et Monchain.	Id.	Lille.
Delseaux.	Mécaniques.	Lille.
Delmotte.	Mécaniques.	Lille.
Descamps , l'aîné.	Filature de lin.	Lille.
Descat-Leleux.	Apprêts.	Lille.
Descamps , A.	Filtrie.	Lille.
Desmedt-Wallaert.	Filature de lin.	Fives.
Desmont , Louis.	Filature de coton.	Fives.
Devos.	Filtrie.	Comines.
Dillies.	Sucrecrie.	Phalempin.
Droulers et Agache.	Filature de lin.	Lille.
Droulers.	Sucrerie.	Wasquehal.
Dupont , C.	Filature de lin.	Roncq.
Dupont.	Id.	Lille.
Dupont.	Mécaniques.	Lille.
Faucheur et Lepercq.	Filature de lin.	Wazemmes.
Flament-Courbon.	Filature de coton.	Wazemmes.
Flament-Reboux.	Id.	Lille.
Ghesquière et Vanoye.	Filature de lin.	Lille.
Humbert frères.	Id.	Lille.
Harding et Edwards.	Id.	Lille.
Kuhlmann frères.	Produits chimiques.	La Magdeleine.
Kuhlmann frères.	Fabr. de noir animal.	Loos.
Kuhlmann frères.	Produits chimiques.	Loos.
Lambry-Scrive.	Filature de coton.	Lille

NOMS des patrons.	NATURE de l'industrie.	SIÉGE de l'établissement.
Lammers , Ed.	Filature de lin.	Lille.
Lefebvre-Horrent.	Filature de coton.	Wazemmes.
Lefebvre-Horrent,	Id.	Lille.
Lesaffre.	Sucrerie.	La Magdeleine.
Lesaffre.	Filature de lin.	Roncq.
Lisiecki.	Sucrerie.	Herlies.
Loyer, H.	Filature de coton.	Wazemmes.
Mallet frères.	Id.	Lille.
Marchand.	Fabrique d'huile.	Marcq-en-Barœul.
Marchand et Lambert.	Filature de coton.	Lille.
Mille , Auguste.	Id.	Lille.
Monnaie de Lille.	»	»
Ovigneur.	Filtrie.	Lille.
Roland.	Filature de lin.	Wambrechies.
Saint-Léger, Victor et Cie.	Id.	Lille.
Saint-Léger, Victor.	Filtrie.	Lille.
Sarrazin–Cattaert.	Filature de coton.	Lille.
Sauvage.	Mécaniques.	Lille.
Scrive frères et Danset.	Tissage.	Marquette.
Scrive frères.	Fabrique de cardes.	Lille.
Scrive frères.	Filature de lin.	Lille.
Scrive frères.	Rouissage.	Marcq-en-Barœul.
Scrive frères et Danset.	Tissage.	Halluin.
Tesse-Petit.	Filature de lin.	Lille.
Vandonghen et Mourmant.	Raffinerie.	Wazemmes.
Vanhiscotte.	Filature de lin.	La Magdeleine.
Vanremoortère et Monchin.	Id.	Lille.
Vennin-Derégniaux.	Construction.	Lille.
Vernier-Vanhœnacker.	Filature de coton.	Lille.
Verstraete frères.	Filature de lin.	Lille.
Wackernie.	Id.	Esquermes.
Wallaert frères.	Sucrerie.	Deûlémont.
Wallaert frères et Cie.	Filature de lin	Moulins-Lille.
Wallaert frères et Desmedt.	Filature de coton.	Lille.
Wallaert-Desmons.	Id.	Lille.
Windsor frères.	Constructions.	Moulins-Lille.

Un banquet offert par le Commerce à M. le délégué de l'Empereur, a eu lieu le même jour à cinq heures, dans les salons de l'Hôtel-de-Ville. Dans ce banquet les toasts suivants ont été portés :

Par M. Besson, préfet du département du Nord :

A l'Empereur des Français, Napoléon III.

A ce nom, nos cœurs s'épanouissent de joie et d'orgueil.

Dans le passé ce nom est l'expression de la plus haute gloire civile et militaire.

Dans le présent, il est l'expression vivante du génie protecteur de la France !

La société hier divisée en classes est aujourd'hui réconciliée avec elle-même ; c'est une famille unie dans ses sentiments de reconnaissance, dans ses vœux, dans ses intérêts ! sous cette bannière relevée par la main si énergique de l'Empereur, nous sommes tous ses soldats !

Jusqu'ici vous ne connaissiez l'Empereur que par les bienfaits qu'il a répandus sur toute la France ; vous venez de le voir de plus près dans cette excursion triomphale qu'il a faite à travers nos contrées.

Personne n'oubliera cette attitude bienveillante et imposante qui commande tout à la fois l'amour et le respect.

Personne n'oubliera la noble beauté de l'Impératrice qui s'est présentée à nous avec la majesté d'une souveraine et avec les douces grâces d'un ange de charité.

M. Kuhlmann, président de la Chambre de Commerce, s'est levé à son tour :

» A M. Dumas, au délégué de l'Empereur !

Ce délégué, Messieurs, résume en lui les qualités essentielles qui ont illustré Chaptal, le Colbert de l'Empire, Berthollet le savant aux vues pratiques, Monge le propagateur de l'enseignement scientifique en France.

Au ministère de l'Agriculture et du Commerce, à l'Assemblée Législative, à la tête de la société d'encouragement pour l'industrie nationale, il s'est identifié depuis longtemps avec nos intérêts, avec nos besoins.

Puisse-t-il exprimer à Sa Majesté l'Empereur que, pour la Chambre de Commerce de Lille, rien n'égale le dévoûment aux intérêts qu'elle a mission de défendre, si ce n'est le désir de concourir, dans toute l'étendue de ses modestes attributions, à tout ce qui peut augmenter la grandeur d'un règne qui a déjà marqué sa place dans l'histoire et dont les bienfaits se lisent dans la reconnaissance d'un grand peuple.

Au délégué de l'Empereur.

Enfin M. Dumas s'est levé au milieu d'un profond silence, et d'une voix accentuée a porté le dernier toast suivant :

MESSIEURS,

L'Empereur n'entendra pas sans émotion le récit de cette admirable fête. L'expression des sentiments qu'elle a provoqués a été si unanime, vos applaudissements et les acclamations de vos ouvriers si chaleureux, qu'il y verra, sans doute, comme un reflet de son récent passage, comme une explosion redoublée des sympathies qu'il a fait naître.

Vous l'admiriez pour sa sagesse infinie, son courage héroïque vous avait rempli de gratitude; mais, sa droiture, sa bonté, la grâce incomparable de l'Impératrice vous ont séduits et ont gagné tous les cœurs à Leurs Majestés. Avec quel bonheur elles visitaient ce département, plus riche qu'un royaume !

Ce département, où Cambrai rappelle tant de pieux souvenirs; où Douai prépare à l'armée tant de ressources formidables, où Lille et Valenciennes dévouées aux arts, aux sciences, à l'industrie rivalisent d'efforts et de succès, où Avesnes montre avec orgueil ses récents progrès, où Hazebrouck déploie ses richesses agricoles, où Dunkerque se pare de ses vieilles traditions maritimes et de ses succès actuels !

Nulle part l'admirable spectacle de l'activité humaine n'offre plus de grandeur.

La vieille affection que je porte à votre département m'a souvent donné l'occasion de le reconnaître; chaque année, chaque mois marque parmi vous un progrès nouveau.

Ici, l'intelligence ne se montre pas moins fertile que le sol.

Ici, chaque difficulté provoque une invention, chaque combat avec la nature une victoire, chaque lutte avec la concurrence un triomphe.

Admirable vigueur d'une population dans sa maturité, qui assure à chaque journée un lendemain plus habile, plus éclatant, plus heureux.

Admirable harmonie où, quand l'agriculture souffre, l'industrie se porte à son secours, où, si l'industrie languit, le commerce la réveille; où, si le commerce à son tour est embarrassé, les efforts de la marine lui viennent aussitôt en aide.

Ne dirait-on pas les organes d'un même corps, vivant d'une même vie et toujours prêts à se porter un mutuel appui.

Messieurs, je bois à l'agriculture, à l'industrie, au commerce du département du Nord, que la ville de Lille, que la Chambre de Commerce représentent avec tant d'éclat.

A cette agriculture modèle qui sait emprunter à la science tous les progrès, sans compromettre jamais ses pratiques éprouvées.

A vous tous agriculteurs, industriels, commerçants, chez qui la pratique des affaires et l'habitude du gain n'a jamais éteint ces sentiments de dévoûment et d'honneur que les dangers de la patrie ont toujours le privilége de réveiller dans vos âmes ; chez qui se retrouvent toujours ces vieux instincts de sympathique bonté, d'intérêt affectueux, de prévoyance intelligente pour vos ouvriers.

Quand on vous voit au milieu d'eux, comme un père au milieu de sa famille, quand on admire les résultats de vos communs efforts pour la richesse publique et la grandeur de la France, on ne forme plus qu'un vœu ; c'est que rien ne vienne troubler un bonheur si bien mérité, et c'est du fond de l'âme et avec une énergique conviction qu'on porte un toast à la prospérité de l'agriculture, de l'industrie et du commerce du Nord.

M. le président de la Chambre de Commerce a repris la parole pour prier M. le délégué de transmettre à Son Excellence M. le Ministre de l'Agriculture, du Commerce et des Travaux publics l'expression de la reconnaissance de la Chambre pour la marque de confiance qu'elle lui a donnée en la chargeant de la distribution de dix médailles aux agents de l'industrie qu'elle jugera les plus dignes de cette honorable distinction

M. le président a prié, en outre, M. le délégué d'offrir à Son Excellence les deux médailles en or qui ont été frappées à la Monnaie de Lille, pour perpétuer le souvenir du séjour de leurs Majestés Impériales et de la visite de la Bourse par l'Empereur, en présence de la Chambre de Commerce.

M. le délégué a bien voulu accepter pour lui-même deux autres médailles d'or offertes par la Chambre de Commerce, comme témoignage de haute estime et de profonde reconnaissance.

M. Henri Lemaire, député du département du Nord au

Corps législatif, membre de l'Institut, chargé de l'exécution de la statue de Napoléon I.ᵉʳ, a déclaré à l'Assemblée dans une courte allocution, qu'il comprenait mieux que jamais, en présence des manifestations qui se sont produites, toute l'étendue et toute l'importance de la mission qui lui est confiée et que, tant en son nom qu'en celui de M. Benvignat, il prenait l'engagement de faire tous les efforts humainement possibles pour donner au monument un caractère qui soit en rapport avec l'homme auquel il est élevé et les grands actes dont il doit perpétuer la mémoire.

Lille-Imp. L. Danel.